Petr Chudožilov
Charlotte von Huglfing

Petr Chudožilov

Charlotte von Huglfing

Mit Bildern
von Reinhard Michl

Carl Hanser Verlag

1 2 3 4 5   00 99 98 97 96

ISBN 3-446-18558-5
© Carl Hanser Verlag München Wien 1996
Satz und Lithos: Libro, Kriftel
Druck und Bindung:
Franz Spiegel Buch GmbH, Ulm
Printed in Germany

Für Charlotte und Toni Thanner

Wie mich
Charlotte fing

Ich werde euch von den Abenteuern erzählen, die ich mit Charlotte erlebte. Ach ja, ihr wißt gar nicht, wer das ist, diese Charlotte! Sie ist meine Freundin, unauffällig und winzig wie ein Zwerg; dafür ist ihre Fähigkeit, Gefahren heraufzubeschwören, geradezu riesig. Manchmal habe ich fast das Gefühl, ich sei mit einem Riesen befreundet!

Es fing alles damit an, daß ich in der Schule im bayerischen Huglfing zu Gast war. Ich las den Schülern aus meinem neuen Märchenbuch vor und wurde auch ins Lehrerzimmer zu Kaffee und Brezeln eingeladen. »Ist es Ihnen nicht heiß?« fragte mich ein Lehrer. Er nahm mir den Mantel ab und legte ihn in die Ecke auf eine Bank. Ich ahnte nicht, wie unvorsichtig das war!

Später am Tag machte ich mich auf den Weg in die Schweiz, wo ich wohne. Unterwegs schien mir, daß jemand in meiner Manteltasche sprach. Am Bodensee schiffte ich mich mit meinem Auto auf die Fähre ein. Als sie ablegte, wollte ich einen Spaziergang auf dem Deck machen. Ich steckte die Hand in die Manteltasche. Aua! Irgend etwas hatte mich in den Finger gebissen, und es wollte mich nicht wieder loslassen!

»Was suchst du hier?« piepste jemand in der Tasche.

»Ich? Nichts!« sagte ich erschrocken.

»Warum steckst du dann deine Hand herein?« schimpfte die Stimme in der Tasche.

»Das ist mein Mantel!« schrie ich.

»Alles in Ordnung?« fragte der Kapitän des Schiffes. Seine Stimme knirschte wie eine rostige Kette.

»Alles okay!« sagte ich.

»Es kam mir so vor, als nehme Ihnen jemand Ihren Mantel weg!« brummte der Kapitän.

Ich setzte mich lieber wieder in mein Auto. Erst dort zog ich die Hand aus der Tasche. Na, so was! Da war eine Maus: klein, sommersprossig und rothaarig.

»Du willst mich also beißen?« fuhr ich sie an.

»Du hast doch angefangen!« erboste sie sich.

»Wenn *ich dich* beißen würde«, sagte ich, »dann würdest du erst was erleben!«

»Hilfe! Er will mich beißen!« rief die Maus, und Tränen schossen ihr aus den Augen. »Du bist viel schlimmer als eine Katze!« schluchzte sie.

»Ach was! Ich beiße dich doch nicht!« tröstete ich sie.

»Warum sagst du es dann!« flüsterte sie.

»Ich war nur ein bißchen wütend«, sagte ich versöhnlich. »Schließlich habe ich dich in meinem Mantel erwischt!«

»Stimmt überhaupt nicht!« erwiderte sie frech. »*Ich* habe dich doch gefangen, nicht *du* mich! Ich habe dich am Finger erwischt.«

So etwas Unverschämtes! Ich fragte sie lieber nach ihrem Namen.

»Charlotte«, sagte sie, »aber meine Freunde nennen mich Charlie.«

Eine Weile schwiegen wir.

»Du!« sagte Charlotte dann. »Nimm mich mit! Ich muß aus Huglfing verschwinden!«

»So?« sagte ich.

»Ich habe dem Schuldirektor ein Loch in den Mantel gefressen!« sagte sie.

»Mäntel sind nicht zum Fressen da!« sagte ich hart. »Und schon gar nicht fremde!«

»Wir Mäuse müssen immer an etwas nagen!« sagte Charlotte.

»Wirklich?« wunderte ich mich höflich.

»Sonst würden uns riesige Zähne wachsen!« belehrte sie mich. Sie breitete die Pfötchen aus, um zu zeigen, wie groß die Zähne würden. Brr! Eine schreckliche Vorstellung! »Also?« drängte sie.

Auf eine Freundschaft mit einer Maus hatte ich eigentlich keine große Lust. Aber weil sie so rührend bettelte, versteckte ich sie in einer leeren Nußschale. Ich hatte einige in der Tasche.

Wie Charlotte
meine Cousine wurde

Bald näherten wir uns der schweizerischen Grenze, und ich wurde unruhig. Durften Mäuse überhaupt in die Schweiz? Charlotte schnarchte in der Tasche. Sorglos!

»Sei doch ruhig!« zischte ich.

»Ich bin mucksmäuschenstill!« sagte sie.

Der Zöllner blickte finster drein. Er war hager, eine Bohnenstange. Zur Seite stand ihm ein fröhlicher Dicker.

»Was haben Sie da in der Tasche?« fragte die Bohnenstange.

»Da? Da habe ich gar nichts!« antwortete ich.

»Können wir nachschauen?« fragte die Bohnenstange.

»Wenn es sein muß!« sagte ich.

»Nüsse! Nüsse!« jubelte der Dicke. Er war gleich daran, eine zu knacken, aber Charlot-

te kroch schon heraus. Der Dicke war ganz bleich vor Schreck.

»Was tun Sie da, Fräulein?« fragte die Bohnenstange streng.

»Ich fahre mit meinem Cousin in die Schweiz!« erklärte Charlotte artig.

Den Zöllnern fielen fast die Augen aus dem Kopf.

»Das stimmt. Sie ist meine Cousine«, gab ich zu.

»Sie sind mit einer Maus verwandt?« staunte der Dicke.

»Sie ähnelt Ihnen aber nicht besonders!« behauptete die Bohnenstange.

»Sie ist keine Maus. Sie sieht bloß so aus«, sagte ich. »Das fing schon in der Kindheit an.«

»Aber warum ist sie so klein?« hakte die Bohnenstange nach.

»Sie wollte keine Suppe essen!« antwortete ich schnell.

»Mir scheint, sie ist doch eine Maus!« murmelte die Bohnenstange.

»Mäuse können doch nicht reden!« warf der Dicke ein.

»Aber schau dir den langen Schwanz an!« sagte die Bohnenstange.

»Vielleicht schmeckte ihr die Suppe wirklich nicht«, überlegte der Dicke. »Ich esse auch nicht immer alles, was auf den Tisch kommt!«

Charlotte kicherte, und plötzlich schaute auch der gutmütige Dicke finster. »Was gibt es da zu lachen?« fragte er.

»Ich glaube eher, Sie haben immer alles schön aufgegessen und dann noch nachgeschöpft!« sagte Charlotte frech.

Der Dicke wurde rot vor Wut, aber die Bohnenstange lächelte listig. »Einverstanden!« sagte sie. »Das ist also Ihre Cousine. Kann ich dann den Reisepaß sehen?«

»Mäuse brauchen keine Pässe!« antwortete Charlotte.

»Man wollte uns doch gerade einreden, Sie seien keine Maus!« sagte die Bohnenstange.

»Das war eben vorher!« trumpfte Charlotte auf.

»Man darf nie lügen!« sagte die Bohnenstange streng.

»Ein bißchen schon!« scherzte Charlotte.

Der Dicke schwieg unzufrieden. Er runzelte die Augenbrauen.

»So was könnte bei uns in Huglfing nie passieren!« brach Charlotte in Tränen aus.

»Zuerst wollen Sie mich fressen, jetzt soll ich auch noch eine Lügnerin sein!«

»Was?« erschrak der Dicke. »Ich Sie fressen?«

»Ja. Wer sagte denn: ›Aaah, Nüsse?‹ Wem lief schon das Wasser im Mund zusammen? Warum haben Sie eigentlich einen so dicken Bauch?« verhörte ihn Charlotte.

Der Dicke verschwand tobend im Haus.

»Da! Unterschreiben!« sagte die Bohnenstange und schob mir ein Papier zu. »Sie kümmern sich um diese Person in der Schweiz!«

Dann verschwand auch er. Die beiden wollten mit uns nichts mehr zu tun haben.

»Jetzt bleiben wir für immer zusammen, liebster Cousin!« sagte Charlotte zufrieden und schnarchte auch schon wieder.

Wie Charlotte Zeitung las

Endlich waren wir zu Hause. Nach dem Essen blätterte ich in der Zeitung.

»Warum raschelst du ständig mit diesem Papier!« ärgerte sich Charlotte.

»Ich bin neugierig, was es Neues in der Welt gibt!« erklärte ich.

Charlotte spitzte die Ohren. Dann las sie auch schon, und es störte sie nicht, daß sie die Zeitung verkehrt herum hielt. So würde ich eine Zeitung nie halten! Ich hätte Angst, daß die Buchstaben herausfallen.

»Hör zu!« rief Charlotte. »In Japan ist ein Nilpferd in eine Falle gegangen! Man hat es mit Erdbeereis geködert.«

»Unsinn«, sagte ich. »Nilpferde leben bloß in Afrika.«

»Das hier war eine besondere Art. Schlitzäugige!« belehrte mich Charlotte ruhig.

»Nein! Nilpferde haben keine Schlitzaugen!« rief ich.

»Deine Zeitung lügt also?« erkundigte sich Charlotte.

»Darf ich es bitte mal selber lesen?« bat ich.

»Willst du dir mit dem Lesen die Augen verderben?« sorgte sie sich.

»Du! Gib mir sofort meine Zeitung zurück!« befahl ich.

»Da!« grummelte sie unzufrieden. »Aber du findest sowieso nichts. Es ist nämlich in einer geheimen Mäuseschrift gedruckt.«

»Ha-ha!« lachte ich höhnisch. »Da steht kein Wort über Nilpferde. Alles erfunden! Wie immer.«

»So was könnte bei uns in Huglfing nie passieren!« rief Charlotte. »Warum soll ein Nilpferd nicht in Japan leben?«

»Und wie käme das arme Tier dahin?« fragte ich.

»Schwimmend natürlich!« lachte Charlotte.

»Unmöglich!« rief ich.

»Kann ein Nilpferd schwimmen?« fragte Charlotte listig.

»Schon«, gab ich zu, »aber niemals so weit! Nicht von Afrika nach Japan!«

»Es könnte sich doch unterwegs auf einer kleinen Insel ein bißchen ausruhen!« schlug Charlotte vor.

»Und wenn es kein Inselchen gäbe? Ha? Was dann?« fragte ich siegesgewiß. Plötzlich war es mir lebenswichtig zu beweisen, daß es in Japan keine Nilpferde gibt.

»Zum Glück gibt es dann immer noch Walfische!« jubelte Charlotte. »Die sind doch so lieb! Ein Walfisch wäre sicher damit einverstanden, daß es sich ein Nilpferd ein Weilchen auf seinem Rücken bequem macht!«

Dagegen war nichts einzuwenden. Vielleicht sind die Walfische tatsächlich so gutherzig. »Gut. Aber warum sollte ein Nilpferd überhaupt nach Japan wollen?« lenkte ich müde ein.

»Und warum leben Japaner in Japan?« fuhr Charlotte fort.

»Sie sind eben da geboren!« rief ich verzweifelt.

»Wenn schon!« winkte Charlotte ab. »Vielleicht heiratet das Nilpferd ja da. Vielleicht kommen kleine Nilpferdchen zur Welt! Und niemand wird das mehr merkwürdig finden.«

Wir schwiegen lange. Der Wecker tickte laut, und die Stille war unerträglich.

»Ich kann nicht mehr!« brach Charlotte in schallendes Lachen aus. »Das habe ich doch alles nur erfunden. Ich wollte dich doch bloß ein bißchen necken. Sei mir nicht mehr böse!«

»Also gut«, brummte ich versöhnlich.

Aber Charlotte kicherte immer noch. »Ihr Menschen seid so kleinlich!« sagte sie. »Dummheiten sind euch wichtig: ob ein Nilpferd nach Japan schwimmen kann! Aber daß es mit Erdbeereis angelockt wurde, das stört dich überhaupt nicht. Nilpferde essen gar kein Erdbeereis! Nie und nimmer! Nilpferde essen nur Pistazieneis mit Mandeln!«

Wie Charlotte verschwand

Einmal hatte sich Charlotte so gut versteckt, daß ich sie weder in der Küche noch im Schlafzimmer finden konnte. Sie schlief in einem Schuh.

»Ich hatte schon Angst, du seist verschwunden!« sagte ich.

»Wäre gut möglich!« sagte sie verschlafen. »Da bräuchte ich nur eine Zaubermütze aufzusetzen. Hokus, pokus, ich bin weg!«

»Unsinn!« rief ich. »Man kann doch nicht einfach verschwinden!«

»Gerade eben hast du was ganz anderes gesagt!« bemerkte Charlotte schadenfroh. »Aber warum streiten? Ich zeig's dir!«

Zuerst kauften wir ein Sück roten Stoff. Eine Nachbarin nähte uns die Mütze. »Eine Zaubermütze?« gähnte die alte Dame. »Ihr könnt sie morgen holen!« Gesagt, getan.

Um ehrlich zu sein, sah diese Mütze ganz gewöhnlich aus.

Zu Hause setzte sich Charlotte in einen großen Sessel. Sie schaute feierlich und war plötzlich ganz ernst. »Reich mir die Mütze!« bat sie traurig. »Und jetzt sollten wir uns verabschieden. Du weißt ja, ich verschwinde. Für immer...« Sie flüsterte, ich solle stets im guten an sie denken.

Ich bekam es allmählich mit der Angst zu tun. Wenn sie nun wirklich verschwand? »Hast du das schon mal probiert?« fragte ich vorsichtig.

»Nein«, antwortete Charlotte. »Aber einigen meiner Brüder ist es gelungen. Sie sind für immer verschwunden. Ohne jede Spur.«

Ich war bestürzt.

»Du! Wollen wir's nicht verschieben?« schlug ich vor.

»So was könnte bei uns in Huglfing nie passieren!« verkündete Charlotte. »Du wolltest, daß ich verschwinde – oder? Also, her mit der Mütze!«

»Ich will dich nicht verlieren!« sagte ich mit zitternder Stimme.

»Und ich kann nicht mit jemand befreundet sein, der mir nicht glaubt!« erwiderte Charlotte vorwurfsvoll.

Da war nichts zu machen. Ich reichte ihr die verflixte Mütze.

»Hokus, pokus!« sagte Charlotte.

Doch es geschah überhaupt nichts. Im Sessel saß noch immer eine kleine Maus mit einer roten Mütze auf dem Kopf. Ich war enttäuscht.

Doch Charlotte strahlte. »Siehst du?« rief sie stolz. »Meine Brüder haben es genau gleich gemacht und sind für immer ver-schwunden.«

»Aber... aber, Charlotte, *du* bist ja *nicht* verschwunden!« stotterte ich. »Ich sehe dich noch immer!«

Charlotte wurde wütend. »Du sagtest doch, du willst mich nicht verlieren! Was soll das jetzt wieder?«

So eine Unverschämtheit! Aber Charlotte hatte bereits eine neue Idee. »Wir versuchen es mal mit dir!« sagte sie.

Ohne große Lust setzte ich mich in den Sessel. »Hokus, pokus!« rief ich, und Charlotte rammte mir die Mütze tief in die Stirn, über Ohren und Augen. Ich sah überhaupt nichts mehr.

»Na?« fragte Charlotte höhnisch. »Kannst du mich jetzt sehen?«

»Nein!« gab ich zu.

»Siehst du!« jubelte Charlotte. »Ich bin verschwunden! Es ist wirklich eine Zaubermütze!«

Dagegen war nichts einzuwenden. Wir hörten mit der Zauberei auf und tranken lieber einen Kakao, das ist auch nicht schlecht!

Wie Charlotte flog

Einmal blätterte ich mit Charlotte in einem Bilderbuch. Da war auch das Bild eines maskierten Mannes mit Flügeln. »Das ist Batman!« sagte ich. »Der kann sogar fliegen!«

»Was ist das schon!« winkte Charlotte ab. »In der Dämmerung fliege ich auch. Ab und zu.«

»Unsinn!« platzte ich heraus.

»Doch!« bekräftigte sie.

»Das glaube ich nicht! Eine fliegende Maus?« sagte ich.

»Noch nie von Fledermäusen gehört?« wunderte sich Charlotte.

»Schon, aber du bist keine Fledermaus!« sagte ich bestimmt.

»So was könnte bei uns in Huglfing nie passieren!« legte Charlotte los. »Die Fledermaus ist mit mir nah verwandt. Sie leiht mir ihre Flügel jederzeit gerne aus. Ich kann übrigens auch ohne Flügel segeln! Es reicht, bloß so mit den Armen zu rudern, und es geht los. Dann fliegst du wie ein Vogel.«

»Das möchte ich mal sehen!« sagte ich.

»Abgemacht!« stimmte Charlotte zu.

Abends kletterten wir dann auf einen Berg. Wir schauten in den Abgrund, und mir drehte sich alles im Kopf. »Hoffentlich hast du keine Angst«, sagte ich heuchlerisch.

»Es kann einiges passieren!« sagte Charlotte. Sie lachte nicht mehr. »Laß uns jetzt Abschied nehmen!« fuhr sie fort. »Vielleicht sehen wir uns nie wieder! Wer weiß? Eine Eule könnte mich fressen. Ich kann mich auch verlaufen! Oder abstürzen! Fliegen ist sehr gefährlich. Aber... das macht nichts.«

Ich schwieg. Ich war neugierig, wie sich Charlotte diesmal herausreden würde.

»Ich kann mich auch in einem Spinnennetz verheddern!« fing Charlotte an zu weinen. »Dann frißt mich die Spinne auf!«

»Spinnen fressen keine Mäuse«, sagte ich hart.

»In der Dunkelheit kann mich die Spinne mit einer Fliege verwechseln. Du weißt ja, wie klein ich bin! Nichts bleibt von mir übrig. Nur Erinnerungen...«, sagte Charlotte.

Mir wurde auch schon ganz weinerlich zumute. Eine Spinne kann wirklich gefährlich sein! »Dann flieg eben lieber nicht!« schlug ich verunsichert vor.

»Zu spät!« flüsterte Charlotte. »Meine Ehre steht auf dem Spiel! Warum hast du mir nicht geglaubt? Jetzt *muß* ich doch fliegen!«

Wir schwiegen lange.

»Adieu, mein Freund!« sagte Charlotte unendlich traurig. »Lebe wohl! Du wirst es sicher überwinden!«

»Du darfst nicht springen!« schrie ich verzweifelt.

Sie sah mich verwundert an, und ich mußte sie lange überreden. Ich entschuldigte mich und flehte um Gnade.

»Na gut!« willigte Charlotte endlich ein. »Heute fliege ich also nicht!«

Vorsichtig brachte ich sie in Sicherheit. Ich war froh, daß kein Unglück geschehen war. Durch die Luft sausten Fledermäuse.

»Siehst du?« belehrte mich Charlotte. »Es ist ganz einfach. Es reicht, bloß so mit den Armen zu rudern!«

Wie Charlotte
fast ertrank

Einmal gingen Charlotte und ich spazieren. Auf einer Wiese begegneten wir weidenden Schafen. Ab und zu blökte eines freundlich.

»Schau mal, Schafe! Die kenne ich!« begeisterte sich Charlotte. »Ich habe sie mal auf einem Bild gesehen!«

Etwas später kamen wir an einen Bach. Eine Forelle schoß aus dem Wasser und schnappte nach einer Fliege.

»Huch! Was war denn das?« schreckte Charlotte zurück.

»Ein Fisch«, erklärte ich.

»Sind Fische irgendwie mit Schafen verwandt?« wollte Charlotte wissen.

»Aber wo!« belehrte ich sie. »Fische leben im Wasser, was Schafe nicht können. Fische haben Schuppen, während Schafe ein dickes Fell tragen.«

»Also, ich finde Schafe und Fische sehr ähnlich«, verkündete Charlotte übermütig.

Ich faßte mir an den Kopf. »Unsinn! Schafe blöken. Ein Fisch brächte das niemals zustande. Fische sind stumm!«

»Glaubst du?« überlegte Charlotte. »Vielleicht schweigen sie bloß aus Bescheidenheit!«

»Fische fressen Fliegen. Ein Schaf tut einer Fliege nie etwas zuleide. Nicht im Traum!« rief ich verzweifelt.

»So?« wunderte sich Charlotte. »Aber warum haben denn beide ein Maul mit Zähnen? Soll das etwa ein Zufall sein?«

»Quatsch!« sagte ich. »Schafe und Fische gehören ganz verschiedenen biologischen Gattungen an! Fische ahnen nicht mal, daß es Schafe gibt. Und umgekehrt!«

»So eine Schande! Höchste Zeit, daß sie sich endlich kennenlernen! Wo sie so vieles gemeinsam haben!« meinte Charlotte kopfschüttelnd.

»Wir sollten lieber nach Hause gehen!« sagte ich. »Von deinem Gerede platzt mir fast der Kopf.«

»Kopf! Genau! Kopf!« rief Charlotte. »Das wollte ich gerade sagen! Schau doch! Fische und Schafe haben beide einen Kopf und Augen!« Sie geriet ganz aus dem Häuschen. »Wie konnte man das bloß übersehen? Fische haben einen Schwanz, Schafe haben einen Schwanz. Beide leben auf der Erde und nicht auf dem Mond! Beide sehen ganz anders als eine Giraffe aus!«

Charlotte hüpfte vor lauter Freude. Und plötzlich rutschte sie ins Wasser. Gleich war eine riesige Forelle zur Stelle. Sie riß ihr Maul weit auf. Im letzten Augenblick schaffte ich es, Charlotte zu retten. Die Forelle glotzte uns enttäuscht an, aber zum Glück konnte sie nicht ans Ufer.

Zu Hause brachte ich Charlotte ins Bett. Sie bekam warmen Tee. »So was könnte bei uns in Huglfing nie passieren!« sagte sie mit schwacher Stimme. Dann wollte sie wissen, ob Schafe Mäuse fressen.

»Nein. Niemals!« sagte ich trocken.

»Es scheint, es gibt zwischen Schafen und Fischen doch einige Unterschiede!« lenkte Charlotte ein. Doch plötzlich leuchteten ihre Augen siegessicher auf: »Mich kriegen sie aber nicht! Weder Schafe noch Fische!« Und dann schlief sie zufrieden ein.

Wie Charlotte
den Käse hütete

Einmal brachte ich einen gut gereiften Käse nach Hause. Münsterkäse, ein prächtiges Stück. Bald konnte man ihn in der ganzen Wohnung riechen.

»Mmh! Ich liebe Käse!« seufzte Charlotte.

»Ich auch«, erwiderte ich trocken.

»Der sieht aber gut aus!« bemerkte Charlotte.

»Finde ich auch«, stimmte ich ihr zu.

»Wie er wohl schmeckt?« hakte Charlotte nach.

»Das sehen wir dann beim Abendbrot«, sagte ich kalt.

»Das ist auch gut so!« heuchelte Charlotte. »Naschhafte Menschen würden ihn gleich auf der Stelle essen. Zum Glück sind wir nicht naschhaft.«

»Das will ich meinen«, nickte ich.

»Wir zwei täten so was nie!« fuhr Charlotte fort.

»Nie!« bekräftigte ich streng.

»Aber irgendeine fremde, böse Maus würde sich wohl nicht schämen, unseren Käse zu fressen!« überlegte Charlotte laut.

»So?« sagte ich. »Aber bei uns gibt es zum Glück keine fremden, bösen Mäuse!«

»Du hast recht!« sagte Charlotte und leckte sich das Schnäuzchen.

»Wann gibt es eigentlich Abendbrot?« fragte sie etwas später.

»Abends«, sagte ich barsch.

Charlotte wurde traurig. Wir schwiegen lange.

»Du«, fragte sie schließlich, »ist es jetzt schon Abend?«

»Nein. Noch lange nicht«, sagte ich. »Zuerst muß die Sonne untergehen. Dann gehen die Kinder, Vögel und Mäuse zu Bett, und der Mond geht auf. Erst dann essen wir den Käse.«

»Das dauert aber lange!« sagte Charlotte. »Da kann noch vieles passieren. Manchmal weiß man nie!«

Dagegen war nichts einzuwenden.

»Weißt du was?« schlug Charlotte vor.

»Ich werde den Käse hüten. Du kannst ja inzwischen ein Nickerchen machen!«

»Kommt nicht in Frage!« sagte ich und schüttelte den Kopf. »Dann frißt du mir den Käse bestimmt allein!«

Ganz unerwartet brach Charlotte in Tränen aus. »So was könnte bei uns in Huglfing nie passieren!« sagte sie vorwurfsvoll. »Glaubst du wirklich, daß wir Mäuse schlechter sind als ihr Menschen?«

»Also gut«, sagte ich. »Ich will dir vertrauen.« Dann ging ich meiner Arbeit nach.

Als ich nach einer Stunde zurückkam, war der Käse natürlich weg. Die Käseschachtel war leer, dafür Charlottes Bauch zum Platzen voll.

»Da war sicher eine fremde, böse Maus am Werk!« sagte ich giftig.

»Keineswegs!« widersprach Charlotte zufrieden. »Ich habe ihn gefressen. Mir blieb nichts anderes übrig!«

»Was?« Mir fielen fast die Augen aus dem Kopf.

»Hör gut zu!« sagte Charlotte scheinheilig. »Hätten uns Diebe den Käse geklaut, wer wäre da verdächtig? Ich natürlich! Da habe ich nicht bloß meine Ehre gerettet, sondern den Käse gleich mit! Geopfert habe ich mich! Nun gibt es nichts mehr: weder zu fressen noch zu stehlen. Die Käsediebe können ruhig kommen!«

Wie Charlotte
zum Regenwurm wurde

Eines Tages war Charlotte unglaublich faul. Morgens wollte sie gar nicht aufstehen, und nach dem Frühstück weigerte sie sich, das Geschirr zu waschen. Sie wollte das Badezimmer nicht einmal betreten, behauptete, sie hätte sich schon gestern gewaschen, das sei genug!

»Dann hol wenigstens die Zeitung aus dem Briefkasten!« schlug ich ihr versöhnlich vor.

»Spinnst du?« erschrak Charlotte. »Soll ich wirklich allein durch den ganzen Garten gehen?«

»Das würde mich freuen«, sagte ich. »Du hast heute noch gar nichts getan. Jeder muß doch wenigstens ein bißchen arbeiten!«

»Im Garten lauern so viele Gefahren!« sagte Charlotte traurig.

»Der einzige, der dir einen Schaden zufü-

gen könnte, bist du selbst!« sagte ich streng. »Bring jetzt bitte endlich die Zeitung!«

»Und wenn mich eine Katze frißt?« schluchzte Charlotte.

Ich lachte laut heraus. »Alle Katzen haben doch Angst vor dir! Sogar die Hunde fürchten dich! Alle gehen dir aus dem Weg!« sagte ich. »Würdest du eine Katze treffen, würde sie blitzschnell in die Krone des höchsten Baumes klettern. Du hast einen schlechten Ruf.«

Charlotte nickte selbstgefällig. Die Katzen und Hunde mieden tatsächlich unseren Garten. Eine Bekanntschaft mit Charlotte zu pflegen, bedeutete nämlich soviel wie Ärger zu kriegen.

»Und wenn mich zufällig eine Amsel sieht?« fragte Charlotte unerwartet.

»Ja? Was dann?« sagte ich kühl. »Dann sieht sie dich eben. Warum auch nicht?«

»Sie könnte meinen, ich sei ein Regenwurm!« flüsterte Charlotte. »Sie könnte mich aufpicken!«

»Jetzt habe ich aber die Nase voll!« sagte ich barsch. »Bring sofort die Zeitung. Warum um Gottes willen sollte dich eine Amsel aufpicken?«

»So was könnte bei uns in Huglfing nie passieren!« jammerte Charlotte. »Einen kleinen wehrlosen Regenwurm in den Tod schikken? Schämst du dich nicht?«

Das brachte mich jetzt wirklich auf die Palme. Ich stellte Charlotte vor einen Spiegel. Ich zeigte ihr ihre spitzigen Mäuseohren, das rote Fell und den langen Schwanz. Ausführlich erklärte ich ihr, was sie von einem Regenwurm unterschied. »Übrigens, ein Regenwurm ist rosarot und hat keine Augen!« sagte ich schlußendlich. »Du bist kein Regenwurm, sondern eine Maus.«

So redete ich auf sie ein, und sie glaubte mir zögernd. »Bin ich also eine Maus!« gab sie sich einverstanden und verschwand im Garten.

Doch gleich war sie wieder zurück. »Hilfe! Auf dem Apfelbaum hockt eine riesige Amsel!« schrie sie verzweifelt.

»Ist doch egal«, bemerkte ich gleichgültig. »Du bist kein Regenwurm.«

»Ja, schon!« zog Charlotte ihren Trumpf aus dem Ärmel. »Aber woher soll das die Amsel wissen?«

Wie Charlotte einen Elefanten malte

Einmal kam Charlotte mit einem riesigen Bogen Papier angerannt. Sie lächelte geheimnisvoll. »Rate mal, was ich gemalt habe!« sagte sie verdächtig freundlich.

Auf dem Blatt war ein seltsames Tier. Entfernt erinnerte es an ein halbblindes Bärchen; ich traute mich aber nicht, das laut zu sagen.

»Ein wunderschöner Elefant, nicht wahr?« sagte Charlotte schnell.

»Das soll ein Elefant sein?« wunderte ich mich ehrlich. Das Tier hatte zwar zwei Ohren, ein Maul, vier Beine, aber nur ein Auge.

»Wenn du willst, kann ich ein zweites Auge dazu malen«, schlug Charlotte vor. »Auf der anderen Seite des Blattes! Dann sieht es aus wie echt.«

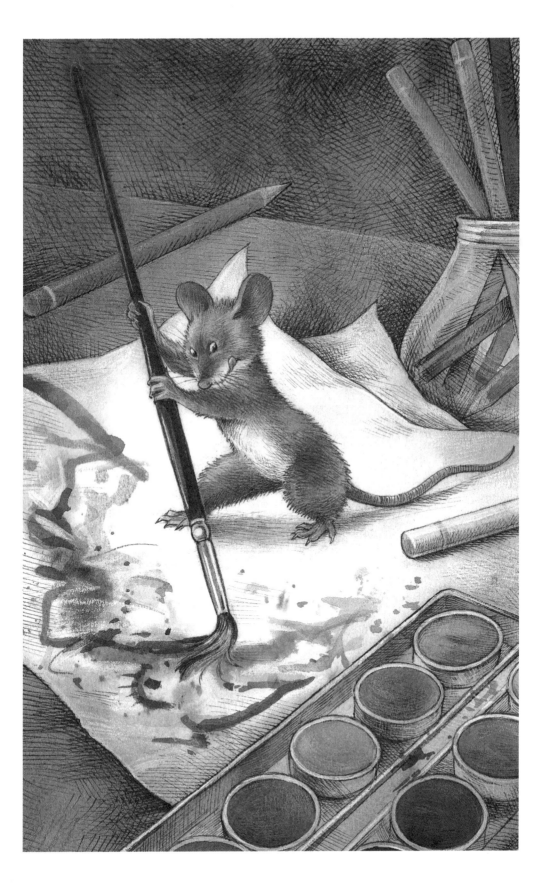

»Das kann trotzdem kein Elefant sein!«
stotterte ich.

»Von mir aus ist es auch ein schlafender
Elefant. Er schläft, und das eine Auge ist
eben zu!« fuhr Charlotte fort. »Du solltest
flüstern, damit er nicht aufwacht. Ein unausgeschlafener Elefant kann äußerst mürrisch sein!«

»Und wo hat der seinen Rüssel?« fragte ich
verdutzt.

Charlotte machte eine böse Miene. Das
war nämlich ein wirklich überzeugendes Argument!

»Er hat ihn bloß zu Hause vergessen!« jubelte Charlotte plötzlich. »Ja! Er ist sehr
zerstreut. Das passiert ihm oft, daß er etwas
vergißt! Aber wenn du unbedingt willst,
kann er seinen Rüssel zu Hause holen! Damit du siehst, daß er ein richtiger Elefant
ist!«

»Das habe ich wirklich noch nie gehört,
daß jemand seinen Rüssel zu Hause vergißt!« murmelte ich überwältigt.

»Und du, hast du noch nie deinen Regenschirm zu Hause vergessen?« fuhr mich Charlotte an. »Menschen verlieren Regenschirme,
Elefanten Rüssel. So einfach ist das.«

Ich war den Tränen nahe. »Aber wieso hat dieser Elefant ein Glas Honig in der Pranke?« fragte ich flehend. »Elefanten fressen doch keinen Honig!«

»So was könnte bei uns in Huglfing nie passieren!« sagte Charlotte und schüttelte ungläubig den Kopf. Sie sah mich voll Mitleid an. »Wenn er seinen Rüssel zu Hause vergessen hat, kann er doch keine Ästchen von den Bäumen brechen!« belehrte sie mich. »Also mußte er sich Ersatznahrung beschaffen! Oder soll er etwa an Hunger sterben?«

»Das möchte ich wahrhaftig nicht!« sagte ich.

»So gefällst du mir viel besser!« schmeichelte mir Charlotte. »Man sieht, daß du für uns Tiere Verständnis hast!«

Wie Charlotte eine
Million verdiente

»Hast du mich gern?«
fragte Charlotte einmal.

»Sicher!« sagte ich. Ich zitterte, denn es war klar, daß sie etwas von mir wollte. Aber was wohl? »Es kommt darauf an!« setzte ich vorsichtig hinzu.

»Wärst du traurig, wenn mich Kidnapper entführen würden?« fuhr sie fort. »Stell dir vor, jemand ruft dich an und verlangt eine Million Lösegeld, sonst werde ich einer Katze vorgeworfen. Gibst du ihnen das Geld?«

»Leider habe ich keine Million!« sagte ich unglücklich.

»Was!« schluchzte Charlotte. »Soll ich wirklich als Katzenfutter enden?«

»Ich würde die Polizei benachrichtigen«, sagte ich schnell. »Die Erpresser sollen alles haben, was ich besitze. Aber eine Million? Unsinn!«

»Ich muß mir also selber helfen!« sagte Charlotte kalt.

»Wie willst du dich selber befreien?« fragte ich höhnisch.

»Ich unternehme überhaupt keine Befreiungsversuche!« verkündete sie siegessicher. »Ich verstecke mich in ihrer Manteltasche. Ich beiße das Telefonkabel durch! Ich fresse ihnen allen Käse weg! Ich kippe die Kaffeetasse um! Nachts werde ich quietschen. Fürchterlich! Die kriegen Angst und können nicht mehr schlafen. Tagsüber stelle ich die blödesten Fragen, kurz, ich bringe sie zur Verzweiflung!«

»Das glaube ich!« sagte ich. »Das kannst du!«

»Schon nach zwei Tagen rufen die Erpresser wieder an!« fuhr Charlotte fort. »›Um Gottes willen, nehmen Sie das Ungeheuer zurück!‹ bitten die armen Räuber. Doch du sagst, das kommt nicht in Frage. Sie soll jetzt schön bleiben, wo sie ist! Tags darauf heulen die Erpresser schon ins Telefon und bitten um Hilfe. ›Gut, gut‹, sagst du, ›ich helfe Ihnen also, aber nicht umsonst! Sie darf wieder nach Hause, aber das kostet Sie, meine Herren, eine Million! Ha!‹ – Und dann sind wir reich!« beendete Charlotte ihre Rede.

Sie schwieg feierlich und erwartungsvoll.

Kurz darauf fragte sie leise, ob ich ihr zufällig drei Franken geben könne.

»Nein«, sagte ich trocken. »Gestern hast du doch erst zehn Franken gekriegt.«

»So was könnte bei uns in Huglfing nie passieren!« empörte sich Charlotte. »Wovon soll ich mir mein Erdbeereis kaufen? Ich habe dir todesmutig eine Million verdient, und du willst an mir blöde drei Franken sparen?«

Sie sah mich so lange voller Verachtung an, bis ich ihr das Geld lieber gab.

Wie Charlotte
Außerirdischen half

Einmal saßen Charlotte und ich
am Rheinufer und fütterten
Vögel mit altem harten Brot. Wir hatten es
in ganz kleine Stücke geschnitten.

»So paßt es ihnen gut in den Schnabel!«
freute sich Charlotte.

Zuerst kamen Möwen, dann flogen Krä-
hen herbei, Tauben und auch Spatzen.
Schließlich schoß aus der Krone einer alten
Linde ein winziges Raumschiff hervor. Es
war ungefähr so groß wie ein Tennisball, und
sein Motor summte wie eine Fliege. Ein paar
Außerirdische stiegen aus. Sie grüßten höflich, zögerten kurz, dann knabberten sie
munter drauflos.

»Mahlzeit!« wünschte Charlotte freundlich.

»Danke! Danke!« nuschelten die Außerirdischen mit vollem Mund. Sie waren nicht

größer als mein Zeigefinger, ihre Haut war grün wie Gras, und sie machten große Augen wie Frösche. Sonst sahen sie eigentlich wie wir aus.

»Entschuldigen Sie bitte, wie kommen wir zurück nach Hause auf den Stern Aldebaran?« wandte sich, als sie zu Ende gegessen hatten, der größte Außerirdische an uns. Es könnte sein, daß es der Kapitän des Raumschiffes höchstpersönlich war. Im Gegensatz zu den anderen trug er eine schön rote, flache Mütze mit einem Schild. Sehr ähnliche Mützen trugen früher die Schaffner bei der Bahn. »Wir haben uns nämlich verirrt, und jetzt können wir den Weg zurück nicht mehr finden!« erklärte er uns.

»Hm, Aldebaran sagen Sie?« Ich kratzte mich verlegen hinter dem Ohr. »In Sternen kenne ich mich nicht besonders aus!«

»So was könnte bei uns in Huglfing nie passieren!« rief Charlotte verbittert. »Du willst sie hier doch nicht steckenlassen, oder?«

Charlotte rannte zu einem Polizisten, der nicht weit von uns die Ordnung hütete.

»Aldebaran ... Aldebaran«, grübelte der Polizist. Nachdenklich blätterte er in seinem

Dienstbüchlein, wo ganz genau alle Situationen beschrieben sind, die im Leben eines Polizisten auftauchen können. »Da haben wir's ja! Nichts einfacher als das!« sagte er schließlich gutmütig. »Zuerst fliegt ihr zu der hohen Pappel dort drüben. Dann über den Fluß und dann Richtung Mond. Hinter dem Mond nach links, dann fahrt ihr etwa zwei Stunden lang auf der Milchstraße, und da haben wir ihn, den Aldebaran, direkt vor der Nase!« Bevor er sein Büchlein zuklappte, legte er den Außerirdischen noch freundschaftlich nahe, nicht zu fliegen, wenn die Ampel Rot zeigt.

Die Außerirdischen bedankten sich außerordentlich freundlich für Brot und Rat. Auf einer winzigen Leiter kletterten sie wieder hinauf in ihr Raumschiff. Sie klappten das Türchen zu, pfiffen zum Abschied wie eine alte Dampflokomotive und sausten davon. Auch der Polizist ging seines Weges.

»Das habe ich gut erledigt, nicht wahr?« sagte Charlotte bescheiden. »Man muß sich doch gegenseitig helfen! Wo ein Wille ist, ist auch ein Weg!«

Wie Charlotte einen
Schurken besserte

Einmal sahen wir im Fernsehen einen furchterregenden Krimi. Ein Schurke war durch ein Fenster in eine fremde Wohnung eingedrungen. Skrupellos aß er alle Pralinen auf, die auf dem Tisch im Kinderzimmer lagen. Von der besten Sorte! Den Kindern ließ er keine einzige übrig. Die von der Schokolade schmutzigen Finger putzte er an einem weißen Tischtuch ab. »Hmm! Gar nicht schlecht!« murmelte er. Dann zog er einen Morgenmantel an, der ihm überhaupt nicht gehörte, und spazierte ungeniert in der Wohnung umher, als ob er da zu Hause wäre. Dann grinste er häßlich. »Und dich werde ich jetzt schön füttern!« brummte er grimmig, schnappte sich ein Gläschen Tinte und wollte es in ein Aquarium gießen, in dem ein Goldfisch schwamm. Der Fisch beobachtete all das durch das

Wasser. »Mir ist nicht mehr zu helfen!« dachte er traurig. Er wollte vor Angst schreien, aber Fische sind eben stumm.

»Nein! Tu das nicht!« rief Charlotte verzweifelt. Sie jammerte, und aus den Augen schossen ihr Tränen.

»Warum denn nicht?« fragte der Schurke verwundert. Er stellte das Tintenglas zurück und kroch neugierig aus dem Fernseher zu uns ins Zimmer. Aus der Nähe wirkte er gar nicht mehr so gefährlich. Ein Mann in den besten Jahren mit einem kleinen Bierbauch. Er war sogar ein bißchen verlegen!

»Das Fischlein könnte doch sterben, wenn es Tinte trinken würde!« weinte Charlotte.

»Ach wo!« sagte der Schurke. »Das ist doch bloß ein Film und keine Wirklichkeit! Das ist kein echter Goldfisch!«

»Dann sehen Sie sich diese Tränen an!« sagte ich nachdrücklich. »Sind die etwa auch nicht echt? Schämen Sie sich nicht, ein kleines Mäuschen so fürchterlich zu erschrekken?«

Der Schurke schien echt überrascht. »Darüber habe ich noch nie nachgedacht!« gab er zu. Er entschuldigte sich aufrichtig, dann ging er in einer nahen Konditorei ein großes Säckchen bester Pralinen kaufen. »Keine Angst!« rief er, als er wieder in den Fernseher zurückkletterte. »Schaut, was ich jetzt mache!«

Er hängte den Morgenmantel wieder an seinen Platz zurück. Er versuchte, das verschmutzte Tischtuch wieder sauberzumachen. Die Pralinen legte er auf den Tisch und malte noch ein Herzchen dazu. Dem Goldfisch schüttete er sein Futter ins Aquarium, und freundschaftlich klopfte er mit dem Fingernagel an das Glas. »Ich komme sicher nie mehr zurück!« versprach er feierlich.

»Das will ich hoffen!« dachte der Fisch.

Der Schurke winkte zum Abschied und verschwand. Später kam uns zu Ohren, er hätte auch Schurken aus anderen Filmen überredet, keine kleinen Kinder mehr zu erschrecken.

»Siehst du?« sagte Charlotte, als wir schlafen gingen. »Der Goldfisch kann sich jetzt ruhig in sein Bettchen legen wie wir! Hoffentlich träumt er was Schönes!«

Wie Charlotte eine böse
Krähe bändigte

In den Park vor unserem Haus war
eine neue Krähe gezogen. Gleich
vom ersten Tag an war allen klar, daß es sich
um ein außerordentlich böses und freches
Wesen handelte. Mit eindeutig bösen Absich-
ten verfolgte die Krähe kleine Vögel, nicht
einmal Mäuse waren vor ihr sicher, und sogar
Hunde machten einen großen Bogen um sie.
Sie versuchte, den alten gutmütigen Maulwurf zu fressen! Als er sich gerade noch rechtzeitig eingegraben hatte, setzte sie sich
wenigstens auf den Maulwurfshügel und be-
schimpfte ihn häßlich durch das Loch. Alle
waren entsetzt, und die Mütter blieben mit
ihren Kinderwagen lieber zu Hause.

Dann überfiel die Krähe kurz vor Mittag
die kleine Bankfiliale in unserer Straße.
»Banküberfall!« schrie sie rüpelhaft. »Ich
werde dich aufpicken!« drohte sie dem Bank-

angestellten am Schalter. Sie verlangte, daß er alles Geld in ihren mitgebrachten Sack stopfte.

»Würde nicht die Hälfte reichen?« feilschte der Angestellte. »Denken Sie doch an die Kleinsparer! Wollen Sie wirklich die Sparschweinchen traurig machen?«

Die Krähe schnitt nur eine verächtliche Grimasse. Es schien, es sei alles verloren!

Doch zum Glück war zufällig Charlotte anwesend. Sie drängte sich nach vorne und gaffte den kriminellen Vogel mit aufgerissenem Mund an.

»Was starrst du mich so an!« brüllte die schwarze Verbrecherin. »Weißt du, wen du hier vor dir hast?«

»Ah ja! Verstehe!« sagte Charlotte ehrfürchtig. »Sie sind ein Räuber!«

Die Krähe lächelte geschmeichelt. »Richtig! Und du bist jetzt meine Geisel! – Her mit dem Geld! Sonst mache ich diese Maus zur Schnecke!« drohte sie und machte den Schnabel auf, um ihren Worten Nachdruck zu verleihen.

Manche empfindliche Kunden schauten lieber weg, um nicht Zeugen eines Mordes zu werden. Aber Charlotte ließ sich auf ein ungezwungenes Gespräch mit der Räuberin ein. »Sie geruhen da auf dem Mantel ein Schmutzfleckchen zu haben, mit Verlaub!« sagte sie überhöflich.

»Bloß ein weißes Federchen!« murmelte die Krähe verlegen.

»Eine weiße Feder!« staunte Charlotte. »Sie sind wohl mit einem Engel verwandt?«

»Vielleicht. Wer weiß?« antwortete die Krähe geschmeichelt.

»So was könnte bei uns in Huglfing nie passieren!« sagte Charlotte mit Überzeugung. »Ein Engel muß zum Bankräuber werden, um sich sein Brot zu verdienen!«

»Denken Sie wirklich, ich sei ein Engel?« zweifelte die Krähe noch ein bißchen. Aber sie drückte sich bereits deutlich höflicher aus.

»Ganz bestimmt!« fuhr Charlotte fort. »Sie haben ein gutes Herz, so was erkenne ich auf den ersten Blick!«

So brachte Charlotte die verwirrte Krähe dazu, sich einem anderen Handwerk zuzuwenden. Bald wurde in unserer Straße eine neue Firma gegründet: »Weiße Krähe, Gesellschaft für gute Taten.« Und alle waren zufrieden: die Kinder, die Vögel, die Mäuse, der Maulwurf. Und die Krähe übrigens auch!

Wie Charlotte ein
Haustier wollte

Schon lange wünschte sich
Charlotte irgendein Haustier-
chen. Eine Katze? Einen Hund? Oder gar
einen Kanarienvogel? »Ich hab's!« jauchzte
sie einmal in den Bergen. Wir waren auf
einem Ausflug Richtung Matterhorn, und
auf einer Wiese weidete eine Herde Schafe.

»Wie schön sie sind!« sagte Charlotte nei-
disch. »Warum bin ich bloß kein Schaf, sondern nur eine gewöhnliche Maus?« Und sie
verkündete, daß sie unbedingt eine Herde
Schafe zu Hause haben wolle. »Nicht viele!
Zehn oder zwanzig würden völlig reichen!
Und für den Schäfer und seinen Hund würden wir sicher auch ein Plätzchen finden!«

»Ausgeschlossen!« lehnte ich ab. »Das er-
laubt uns niemand. Eine Herde Schafe in der
Stadt!«

»So was könnte bei uns in Huglfing nie

60

passieren!« sagte Charlotte bitter. »Warum soll ich nicht wenigstens eine klitzekleine Herde Schafe in meinem Zimmer haben dürfen?«

»Die Schafe blöken zu laut«, sagte ich hart. »Außerdem würde bald überall auf dem Teppich Schafskot herumliegen. Und in Wohnungen wächst kein Gras!«

»Dann machen wir jeden Tag einen Spaziergang im Park!« schlug Charlotte vor. »Wenn Hunde in den Park dürfen, warum sollte es dann Schafen verboten sein?«

Das war natürlich ein gewaltiges Argument. Zum Glück kam mir aber der rettende Einfall. Eine ausgezeichnete Idee!

»Gut«, willigte ich ein. »Du liebst die Schäfchen, also ziehen wir zu ihnen auf die Alp. Soll ich gleich den Schäfer fragen?«

»Warte mal!« sagte Charlotte verunsichert. »Gibt es auf der Alp überhaupt ein Badezimmer?«

»Nein!« sagte ich trocken. »Und ein WC erst recht nicht.«

»Wenigstens kriege ich auf der Alp ein schön weiches Bettchen!« gab sich Charlotte zuversichtlich.

»Ein Bettchen?« wunderte ich mich. »Da

oben schläft man auf dem Boden! Und eine warme Decke kriegst du auch nicht!«

Charlotte traten die Tränen in die Augen. »Aber zum Frühstück kann ich doch mit meinem Kakao und einem Hörnchen rechnen?« fragte sie weinerlich.

»Nein!« antwortete ich barsch. »Schafe frühstücken bekanntlich Gras. Und im Winter mußt du dich mit Heu zufriedengeben!«

Charlotte dachte nach.

»Weißt du was?« sagte sie schließlich und schüttelte klug ihren winzigen Kopf. »Machen wir es so: Die Schafe bleiben schön da in den Bergen, und wir kehren lieber nach Hause zurück. Einverstanden?«

»Einverstanden!« sagte ich. Es freute mich sehr, daß Charlotte doch noch zur Vernunft gekommen war. Die Schafe weideten ruhig weiter. Sie ahnten nicht einmal, welche Gefahr ihnen gedroht hatte.

Wie Charlotte einem Seebären begegnete

Einmal begegneten wir auf der Straße einem alten Mann, der auf dem Rücken ein ganzes Dutzend Rettungsringe schleppte. Er schwitzte fürchterlich und schnaufte wie ein Dampfschiff.

»Hast du gesehen?« japste Charlotte.

»Habe ich nicht!« antwortete ich hart. Ich fürchtete, von Charlotte wieder in eine gefährliche Situation hineingezogen zu werden. »Nichts habe ich gesehen! Wir gehen nach Hause! Zum Abendbrot! Es gibt Fisch mit gebratenen Kartoffeln.«

»Seeleute mögen Fisch!« bemerkte Charlotte flink.

»Aber uns gehen Seeleute nichts an!« versuchte ich mich herauszureden.

»Er ist bestimmt ein Seemann! Vielleicht sogar ein Kapitän!« rief Charlotte begeistert.

»Das glaube ich nicht«, sagte ich. »Kapitäne haben eine Meerjungfrau auf den Arm tätowiert. Oder wenigstens einen Anker! Überdies, ein echter Kapitän würde sicher nicht so hart arbeiten. Dazu hat er doch die Matrosen!«

»Vielleicht haben die Matrosen gemeutert!« phantasierte Charlotte. »Sie weigerten sich, seine Befehle auszuführen. Der alte Seebär wurde wütend und warf sie alle über Bord. Aber dann hatte er Mitleid mit den Meuterern und kaufte für sie die Rettungsringe, damit sie nicht ertrinken.«

Ungläubig schüttelte ich den Kopf. Dieser Großvater sollte eine Bande Matrosen überwältigt und ins Meer geworfen haben? Lächerlich! Weit und breit gibt es in unserer Gegend kein Meer! Und schließlich, hätte er wirklich ertrinkende Matrosen retten wollen, hätte er sofort die Beine in die Hand nehmen müssen!

»Mir kommt es eher so vor«, sagte ich, »als ob er die Rettungsringe für sich gekauft hätte. Verstehst du? Er könnte doch auch mal in Seenot geraten!«

Charlotte sah mich abschätzig an. »Wir müssen ihm helfen!« sagte sie nachdrücklich.

Ich schüttelte ablehnend den Kopf.

»So was könnte bei uns in Huglfing nie passieren!« empörte sich Charlotte. »Willst du die Matrosen etwa ertrinken lassen?«

Also rannten wir schnell dem Seebären nach.

»Belieben Sie Kapitän eines Schiffes zu sein?« fragte Charlotte noch ganz außer Atem.

»Ich?« lachte der alte Mann. »Aber wo! Ich bin Gärtner.«

»Warum tragen Sie dann zwölf Rettungsringe auf Ihrem Rücken?« staunte Charlotte.

»Wer ein ganzes Dutzend kauft, kriegt einen beträchtlichen Rabatt!« verkündete der alte Mann stolz. »So habe ich ganze zehn Prozent gespart! Sonst hätte ich die Rettungsringe nie gekauft! Als Gärtner kann ich sie ja für nichts gebrauchen!«

Charlotte aß ihr Abendbrot, ohne zu maulen, und verschwand schnell in ihrem Bett. Ich glaubte, in ihren Augen Tränen der Enttäuschung zu sehen.

Wie Charlotte ein steinernes
Ei fand

Einmal fanden wir im Wald ein riesiges steinernes Ei. Wahrscheinlich war es aus der Höhle unter den alten Eichen gerollt.

»Ist es nicht toll?« strahlte Charlotte. »Wir werden uns einen richtigen Vogel Strauß ausbrüten!«

Das Ei war so groß wie eine ansehnliche Melone.

»Wäre es nicht vernünftiger, sich nach einem etwas kleineren Ei umzusehen?« schlug ich vorsichtig vor.

Charlotte sah mich tadelnd an. »Bist du denn nicht froh, daß wir es gefunden haben?« wunderte sie sich. Sie rollte das Ei schon vor sich her. Zu Hause packte sie es in meinen alten Mantel ein, verstaute es dann hinter dem Ofen und hauchte noch darauf, damit ihm auch wirklich warm wurde.

»Es klopft schon mit dem Schnäbelchen!«
jubelte Charlotte zwei Wochen später.

»Mir gefällt das gar nicht!« sagte ich besorgt. »Nachher frißt er uns noch auf! Strau-
ße sind sehr gefräßig!«

Nach einer weiteren Woche hörten wir aus
dem Ei Schläge, als ob drinnen jemand einen
Hammer hätte. Schlußendlich schlüpfte ein
Dinosaurier aus. Anfangs war er nicht größer als eine Katze. Erst winselte er jämmerlich, aber dann wuchs er schnell wie ein Pilz.
Ständig hatte er Hunger.

»Ist er nicht süß?« freute sich Charlotte.

Glücklicherweise war er kein Fleischfres-
ser. Zuerst fraß er alle Blumen auf dem Bal-
kon. Dann weidete er den Rasen vor dem
Haus ab. Durstig trank er alles Wasser aus
dem Biotop vor der Schule, wo Schüler aus
wissenschaftlichen Gründen Frösche züch-
teten. »Müssen Sie denn wirklich so einen
großen Hund haben?« fragte mich der Lehrer unzufrieden. Wenn unser Dino morgens
ein Häufchen vor dem Haus machte, muß-
ten wir einen Lastwagen besorgen!

Sonst war er wirklich ein guter Freund. Er
erzählte uns von früheren Zeiten, als das
Land noch unter dem Meeresspiegel lag und

seine Eltern nach Lust und Laune überall schwimmen konnten. Er ahmte sogar das Plätschern der Wellen nach! Er sehnte sich bloß schrecklich nach seinen Verwandten.

»Gehen wir auch mal andere Dinosaurier besuchen?« fragte er scheu.

Ich erklärte ihm, daß die Dinosaurier leider schon lange ausgestorben waren.

»Wie lange ist das her?« fragte er traurig.

»Eine Million Jahre!« antwortete ich.

»Oje!« erschrak er. »Bin ich dann der letzte Dinosaurier auf der Welt?«

»So ist es!« nickte ich.

Von da an wurde er sehr nachdenklich. Tag für Tag wartete er am Fenster, ob nicht doch irgendein Verwandter aufkreuzte. Wir führten ihn lieber in seine Höhle zurück. Selig vergrub er sich in einem Haufen trockener Blätter. »Ich warte lieber, bis das Meer wiederkommt!« gähnte er und schlief ein.

»So was könnte bei uns in Huglfing nie passieren!« verkündete Charlotte, und auch wir schlüpften lieber rasch ins Bett.

Wie Charlotte den
Mäusehimmel besuchte

Eines Tages wurde Charlotte plötzlich und grundlos traurig. Nichts machte ihr mehr Freude, sie redete nicht und saß nur still in einer Ecke. Sie lehnte sogar mein Angebot ab, sich das Leben wenigstens ein bißchen mit einem Eisbecher zu versüßen!

»Was quält dich, Kleines?« fragte ich besorgt.

»Nichts!« antwortete Charlotte mit leiser, herzzerreißender Stimme.

Abends machten wir uns im Garten ein kleines Feuerchen. Das brennende Holz knisterte geheimnisvoll, und der Rauch stieg langsam zu den Sternen empor. Sehnsüchtig schaute Charlotte in den Himmel.

»Dort würde ich gern mal vorbeischauen!« sagte sie nachdenklich.

»Das können wir gewöhnliche Sterbliche

leider nicht!« sagte ich vorsichtig und erklärte ihr, der Weltraum sei nur mit einem Raumschiff erreichbar. »Es ist ein langer Weg! Zuerst muß man jahrelang zur Schule gehen, da lernst du, einen beschädigten Motor zu reparieren und dich mit anderen Kosmonauten auf englisch oder russisch zu verständigen!«

»Aber ich will ja gar nicht in den Weltraum!« sagte Charlotte unzufrieden. »Ich möchte bloß gerne in den Mäusehimmel. Nur auf einen Sprung! Ich vermisse meine alte Großmutter so sehr!«

»Das wird dir wohl kaum gelingen«, sagte ich voller Mitleid.

»So was könnte bei uns in Huglfing nie passieren!« verkündete Charlotte kämpferisch. »Jemandem den Weg zu seiner alten Großmutter in den Himmel verwehren, nur weil er nicht rechtzeitig Englisch gelernt hat? Eine Schande ist das!«

Gleich am nächsten Tag besorgten wir in einem Trödelladen einen ganz gewöhnlichen fliegenden Koffer. Der Inhaber des Geschäftes wunderte sich kein bißchen. »Einen fliegenden Märchenkoffer?« sagte er höflich. »Für uns eine Kleinigkeit!« Er schnalzte

munter mit den Fingern, und schon war der
Koffer da. Ein altmodisches Stück, mit vielen Hoteladressen beklebt. Nicht einmal
Geld nahm der Trödler dafür. »Das Fräulein
bringt ihn uns zurück, wenn es ihn nicht
mehr braucht!« sagte er freundschaftlich.

Schnell kauften wir der Großmutter ein
paar Geschenke: ein Stück Käse, ein Stück
Schinken, warme Hausschuhe aus Lamm-
fell. Charlotte machte es sich bequem, ich
klappte den Deckel zu, der Koffer kreiste
elegant um den Schornstein auf unserem
Dach und verschwand schließlich zwischen
den Sternen. Zwei Tage später war Charlotte
wieder da. Unversehrt!

»Großmutter läßt dich grüßen! Es geht ihr
wunderbar! Die Hausschuhe passen wie an-
gegossen!« plapperte sie fröhlich. Sie brachte
mir aus dem Mäusehimmel sogar ein kleines
Andenken mit. Einen winzigen, dafür aber
echten Stern! Siehst du? Da ist er! Er leuch-
tet ebenso schön wie die anderen Sterne am
Himmel.

Wie mir Charlotte ein Märchen erzählte

Einmal erzählte mir Charlotte abends ein Märchen: »Hör zu! Aus einem winzig kleinen Häuschen am Rande der Stadt kam zögernd ein unsichtbarer rosaroter Elefant. Seine Äuglein strahlten in der Dunkelheit wie Diamanten. Vorsichtig spähte er umher, leise trompetete er mit dem zum Himmel emporgestreckten Rüssel, und dann begann er sich genüßlich an den Sternen zu weiden. Er fraß einen halben Berg davon, als ob es ganz gewöhnliche Äpfel an einem Baum wären.«

»Quatsch!« sagte ich unzufrieden. »Entweder war der Elefant rosarot oder unsichtbar. Beides geht ja nicht! Und wie kam er mit dem Rüssel bis zum Himmel? Außerdem finde ich, der Elefant sollte gar keine Sterne fressen. Wenn er sie alle frißt, wird es dunkel, dann stolpert der Elefant und fällt auf den Rüssel.«

»Inzwischen war am Himmel der Mond aufgegangen!« beschloß Charlotte pfiffig. »Aus dem Häuschen watschelte kurz darauf ein weiterer rosaroter unsichtbarer Elefant. Auch er weidete sich an den Sternen.«

»Ein weiterer unsichtbarer rosaroter Elefant?« fragte ich verblüfft. »Du hast doch gesagt, es sei ein winzig kleines Häuschen am Rande der Stadt. Darf ich wissen, wie viele Elefanten sich dort eigentlich versteckten?

»Neunzehn«, sagte Charlotte trocken. »Als die Elefanten den ganzen Himmel abgeweidet hatten und kein einziger Stern mehr übrig war, zogen sie mit leisem feierlichem Trompeten hinunter zum Fluß, wo sie ihren Durst stillten. Zufrieden streichelten sie sich den Bauch, setzten sich alle in ein kleines Schifflein und ließen sich von der Strömung wegtragen. Sie wurden nie mehr gesehen!«

»Das ist gar kein Märchen!« sagte ich enttäuscht.

»So was könnte bei uns in Huglfing nie passieren!« fuhr mich Charlotte an. »Ich erzähle dir eine Geschichte, in der neunzehn rosarote unsichtbare Elefanten auftreten, und dir ist es immer noch nicht genug?«

»Aber was hat denn das alles für einen Sinn?« rief ich verzweifelt. »Warum lebten so viele Elefanten in einem einzigen Häuschen? Ich wüßte auch gern, warum sie ausgerechnet Sterne fressen und wohin sie eigentlich mit dem Schifflein fuhren.«

»Rosarote unsichtbare Elefanten haben keinen Sinn«, entschied Charlotte kurz entschlossen.

Darauf gingen wir lieber schlafen. Charlotte kicherte jedoch noch eine Weile in ihrem Bett. »Stell dir vor«, sagte sie verschmitzt, »dem neunzehnten rosaroten unsichtbaren Elefanten saß auf dem Rücken noch ein unsichtbarer Vogel und spielte auf einer Geige ein unhörbares Lied!«

Wie Charlotte nach Huglfing zurückkehrte

Charlotte war wieder einmal traurig geworden. Hoffnungslos! Sie schwieg den ganzen Tag wie ein Fisch. Niemand wußte, was eigentlich passiert war. Nicht einmal sie selbst! Ich kaufte ihr Erdbeereis, aber selbst dieser Leckerbissen besserte ihre schlechte Laune nicht.

»Ich weiß, was Ihnen fehlt, Fräulein!« sprach uns auf der Straße ein alter Bettler an. Sein Mantel war schmutzig, und sein Bart reichte bis zum Boden. In einer Plastiktüte trug er sein ganzes Eigentum: eine Zahnbürste, eine Semmel und eine halb ausgetrunkene Flasche Rotwein.

»Bitte helfen Sie mir!« piepste Charlotte jämmerlich.

»Zuerst kriege ich ein wenig von diesem Erdbeereis!« verlangte er naschhaft. Er sperrte den Mund auf, als ob er ein Nilpferd wäre. Im Nu verschluckte er das ganze Eis auf einmal. Mit der Tüte! »Mmh! Schmeckt wahnsinnig gut!« sagte er und streichelte sich den Bauch. Er brummte zufrieden und watschelte langsam davon.

»Und was ist mit der versprochenen Hilfe?« rief Charlotte ihm nach.

»Ah ja!« sagte der Bettler wie nebenbei. »Fräulein, Sie leiden unter Heimweh. Kehren Sie lieber zurück nach Huglfing!« Dann verschwand er wie ein Zuckerwürfel im Tee.

»Vielleicht war das der Große Mäusevater selbst!« überlegte Charlotte laut.

Nach einer Woche machten wir einen Spaziergang. Wir gingen durch die Dörfer und Felder. Der Sommer war vorbei. Zufrieden raschelten die Mäuse im Stoppelfeld, es gab Hunderte von ihnen, vielleicht sogar Tausende. Es sah aus, als feierten die Mäuse ein Fest. Charlotte schaute ihnen lange und nachdenklich zu. Zählte sie vielleicht ihre Verwandten? Allmählich wurde mir klar, daß in ihrem winzigen Kopf eine große, unwiderrufliche Entscheidung reifte.

»Lebe wohl!« sagte sie leise. »Ich kehre zurück. Nach Hause! Nach Huglfing.«

»Nichts dagegen!« sagte ich. »Aber wie willst du bloß den langen Weg schaffen?«

»Ganz einfach«, antwortete Charlotte und zeigte mit ihrem winzigen Mäusepfötchen über die Felder. Überall gab es Mauselöcher, Tausende von Mauselöchern. Wohl nach der Regel eine Maus, ein Loch! »Siehst du? Alle diese Mauselöcher führen nach Hause!« sagte sie bewegt und küßte mich zärtlich. Dann winkte sie zum Abschied und verschwand in einem Loch. Vielleicht war es ein ganz gewöhnliches Mauseloch, vielleicht führte es wirklich direkt nach Huglfing. Wer weiß? In einem Märchen ist alles möglich.

Ich stand noch lange bei diesem Loch und wartete. Ich hoffte, daß Charlotte noch einmal ihren Kopf zeigen würde. Oder wenigstens die Schwanzspitze!

»Spielen Sie Katze?« fragte ein Rentner, der zufällig vorbeikam.

»So was könnte bei uns in Huglfing nie passieren!« flüsterte ich unzufrieden. Da ging über der Landschaft ein Stern auf, und auch ich schlenderte langsam nach Hause.

Petr Chudožilov ist 1943 im mährischen Prostejov geboren. Er verließ die frühere Tschechoslowakei, als er dort nicht mehr veröffentlichen durfte. Heute lebt er als freier Schriftsteller in Basel. In deutscher Sprache erschienen von ihm »Auf dem Walfisch«, das mit mehreren Preisen, unter anderem dem ›Luchs‹ von Radio Bremen und der ZEIT, ausgezeichnet wurde, und »Die Reise in den Sternenhimmel«, beide in der Übersetzung von Susanna Roth. Im Hanser Kinderbuch erschien bereits »Zu viele Engel: 19 absolut wahre Geschichten«.

Reinhard Michl, geboren 1948 in Niederbayern, studierte nach einer Schriftsetzerlehre an der Fachhochschule für Grafik-Design und an der Akademie der bildenden Künste in München. Für seine Bilderbücher und Kinderbuchillustrationen wurde er bereits mehrfach ausgezeichnet, so mit dem Troisdorfer Bilderbuchpreis und im Rahmen des Deutschen Jugendliteraturpreises. »Charlotte von Huglfing« ist Reinhard Michls zweite Arbeit mit Petr Chudožilov. Er illustrierte bereits »Zu viele Engel«.

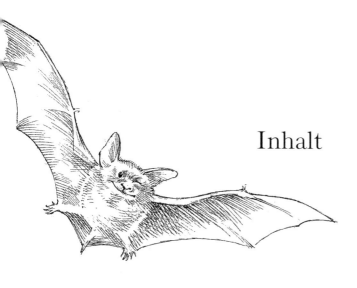

Inhalt

Ebenfalls im Hanser Kinderbuch:

Petr Chudožilov
Zu viele Engel

19 absolut wahre Geschichten

Mit Bildern von Reinhard Michl

144 Seiten

ISBN 3-446-17189-4

Zwergengel, fingergroß, die sich im Haus so rasch vermehren, daß sie eine Plage werden; Polarengel, die ein Sturm bis in die Schweiz verweht; Engel, die mit Papageien, ja mit Hühnern verwechselt werden – wie wir sie uns gewöhnlich vorstellen, sind Petr Chudožilovs Engel nicht. Doch so komisch sie uns auch erscheinen mögen, am Ende tun sie immer, was sich für Engel gehört: Gutes.

Für die in diesem Buch enthaltene Geschichte »Der Mantel« erhielt der Autor den renommierten Europäischen Märchenpreis.

Ebenfalls im Hanser Kinderbuch:

John Saxby · Wolf Erlbruch
Die Abenteuer von Eduard Speck

128 Seiten mit vielen farbigen Illustrationen

ISBN 3-446-17427-3

Daß er das mit Abstand klügste, schönste und bedeutendste
Schwein auf dem Scheffelhof ist, davon ist Eduard Speck fel-
senfest überzeugt. Und seines Lebens ganzes Glück wäre es,
könnte er davon auch alle anderen überzeugen. Das Problem
dabei ist nur: Was Eduard anfängt, geht unweigerlich schief.
Und garantiert auf die komischste Weise! Nicht unbedingt für
Eduard, aber auf alle Fälle für die Leser (und nicht zu vergessen:
die Vorleser).

15 haarsträubend komische Geschichten zum Vor- und Selberlesen

1. Preis der Stiftung Buchkunst im Wettbewerb
»Die schönsten deutschen Bücher 1993«

Ebenfalls im Hanser Kinderbuch:

Armando
Dirk, der Zwerg
und andere Märchen

Mit Bildern von Susanne Janssen

64 Seiten

ISBN 3-446-18069-9

Ein Zwerg, der allen auf die Nerven fällt und trotzdem König wird, ein Prinz, der lieber wieder Frosch wäre wie vor seiner Verwandlung – Armandos Märchenfiguren sind meistens anders, als man denkt. Und immer komischer.